This notebook belongs to:

_____

Published by: Character Designs

DATE: _____

Color Content

☐ _____
☐ _____
☐ _____
☐ _____
☐ _____
☐ _____

QUOTE / NOTES:

DATE: _____

Color Content

☐ _____
☐ _____
☐ _____
☐ _____
☐ _____
☐ _____

QUOTE / NOTES:

DATE: _____

Color Content

☐ _____

☐ _____

☐ _____

☐ _____

☐ _____

☐ _____

QUOTE / NOTES:

DATE: _____

Color Content

☐ _____
☐ _____
☐ _____
☐ _____
☐ _____
☐ _____

QUOTE / NOTES:

DATE: _____

Color Content

☐ _____
☐ _____
☐ _____
☐ _____
☐ _____
☐ _____

QUOTE / NOTES:

DATE: _____

Color   Content

☐ _____
☐ _____
☐ _____
☐ _____
☐ _____
☐ _____

QUOTE / NOTES:

DATE: _____

Color Content

☐ _____
☐ _____
☐ _____
☐ _____
☐ _____
☐ _____

QUOTE / NOTES:

DATE: _____

Color Content

☐ _____

☐ _____

☐ _____

☐ _____

☐ _____

☐ _____

QUOTE / NOTES:

DATE: _____

Color Content

☐ _____
☐ _____
☐ _____
☐ _____
☐ _____
☐ _____

QUOTE / NOTES:

DATE: _____

Color Content

☐ _____
☐ _____
☐ _____
☐ _____
☐ _____
☐ _____

QUOTE / NOTES:

DATE: _____

Color Content

☐ _____
☐ _____
☐ _____
☐ _____
☐ _____
☐ _____

QUOTE / NOTES:

DATE: _____

Color Content

☐ _____
☐ _____
☐ _____
☐ _____
☐ _____
☐ _____

QUOTE / NOTES:

DATE: _____

Color Content

☐ _____
☐ _____
☐ _____
☐ _____
☐ _____
☐ _____

QUOTE / NOTES:

DATE: _____

Color Content

☐ _____
☐ _____
☐ _____
☐ _____
☐ _____
☐ _____

QUOTE / NOTES:

DATE: _____

Color Content

☐ _____
☐ _____
☐ _____
☐ _____
☐ _____
☐ _____

QUOTE / NOTES:

DATE: _____

Color Content

☐ _____
☐ _____
☐ _____
☐ _____
☐ _____
☐ _____

QUOTE / NOTES:

DATE: _____

Color Content

☐ _____

☐ _____

☐ _____

☐ _____

☐ _____

☐ _____

QUOTE / NOTES:

DATE: _____

Color Content

☐ _____
☐ _____
☐ _____
☐ _____
☐ _____
☐ _____

QUOTE / NOTES:

DATE: _____

Color Content

☐ _____
☐ _____
☐ _____
☐ _____
☐ _____
☐ _____

QUOTE / NOTES:

DATE: _____

Color Content

☐ _____
☐ _____
☐ _____
☐ _____
☐ _____
☐ _____

QUOTE / NOTES:

DATE: _____

Color Content

☐ _____
☐ _____
☐ _____
☐ _____
☐ _____
☐ _____

QUOTE / NOTES:

DATE: _____

Color Content

- ☐ _____
- ☐ _____
- ☐ _____
- ☐ _____
- ☐ _____
- ☐ _____

QUOTE / NOTES:

DATE: _____

Color Content

☐ _____
☐ _____
☐ _____
☐ _____
☐ _____
☐ _____

QUOTE / NOTES:

DATE: _____

Color Content

☐ _____
☐ _____
☐ _____
☐ _____
☐ _____
☐ _____

QUOTE / NOTES:

DATE: _____

Color Content

☐ _____

☐ _____

☐ _____

☐ _____

☐ _____

☐ _____

QUOTE / NOTES:

DATE: _____

Color Content

☐ _____
☐ _____
☐ _____
☐ _____
☐ _____
☐ _____

QUOTE / NOTES:

DATE: _____

Color Content

☐ _____

☐ _____

☐ _____

☐ _____

☐ _____

☐ _____

QUOTE / NOTES:

DATE: _____

Color Content
☐ _____
☐ _____
☐ _____
☐ _____
☐ _____
☐ _____

QUOTE / NOTES:

DATE: _____

Color Content

☐ _____
☐ _____
☐ _____
☐ _____
☐ _____
☐ _____

QUOTE / NOTES:

DATE: _____

Color Content

☐ _____

☐ _____

☐ _____

☐ _____

☐ _____

☐ _____

QUOTE / NOTES:

DATE: _____

Color Content

☐ _____
☐ _____
☐ _____
☐ _____
☐ _____
☐ _____

QUOTE / NOTES:

DATE: _____

Color Content

☐ _____
☐ _____
☐ _____
☐ _____
☐ _____
☐ _____

QUOTE / NOTES:

DATE: _____

Color Content

☐ _____
☐ _____
☐ _____
☐ _____
☐ _____
☐ _____

QUOTE / NOTES:

DATE: _____

Color   Content

☐ _____

☐ _____

☐ _____

☐ _____

☐ _____

☐ _____

QUOTE / NOTES:

DATE: _____

Color Content

☐ _____
☐ _____
☐ _____
☐ _____
☐ _____
☐ _____

QUOTE / NOTES:

DATE: _____

Color Content

☐ _____
☐ _____
☐ _____
☐ _____
☐ _____
☐ _____

QUOTE / NOTES:

DATE: _____

Color Content

☐ _____

☐ _____

☐ _____

☐ _____

☐ _____

☐ _____

QUOTE / NOTES:

DATE: _____

Color Content

☐ _____
☐ _____
☐ _____
☐ _____
☐ _____
☐ _____

QUOTE / NOTES:

DATE: _____

Color Content

☐ _____
☐ _____
☐ _____
☐ _____
☐ _____
☐ _____

QUOTE / NOTES:

DATE: _____

Color   Content

☐ _____
☐ _____
☐ _____
☐ _____
☐ _____
☐ _____

QUOTE / NOTES:

DATE: _____

Color Content

☐ _____

☐ _____

☐ _____

☐ _____

☐ _____

☐ _____

QUOTE / NOTES:

DATE: _____

Color Content

☐ _____
☐ _____
☐ _____
☐ _____
☐ _____
☐ _____

QUOTE / NOTES:

DATE: _____

Color Content

☐ _____

☐ _____

☐ _____

☐ _____

☐ _____

☐ _____

QUOTE / NOTES:

DATE: _____

Color Content

☐ _____
☐ _____
☐ _____
☐ _____
☐ _____
☐ _____

QUOTE / NOTES:

DATE: _____

Color Content

- [ ] _____
- [ ] _____
- [ ] _____
- [ ] _____
- [ ] _____
- [ ] _____

QUOTE / NOTES:

DATE: _____

Color Content

☐ _____
☐ _____
☐ _____
☐ _____
☐ _____
☐ _____

QUOTE / NOTES:

DATE: _____

Color Content

☐ _____

☐ _____

☐ _____

☐ _____

☐ _____

☐ _____

QUOTE / NOTES:

DATE: _____

Color   Content

☐ _____
☐ _____
☐ _____
☐ _____
☐ _____
☐ _____

QUOTE / NOTES:

DATE: _____

Color Content

☐ _____

☐ _____

☐ _____

☐ _____

☐ _____

☐ _____

QUOTE / NOTES:

DATE: _____

Color   Content

☐ _____

☐ _____

☐ _____

☐ _____

☐ _____

☐ _____

QUOTE / NOTES:

DATE: _____

Color Content

☐ _____
☐ _____
☐ _____
☐ _____
☐ _____
☐ _____

QUOTE / NOTES:

DATE: _____

Color Content

☐ _____
☐ _____
☐ _____
☐ _____
☐ _____
☐ _____

QUOTE / NOTES:

DATE: _____

Color Content

☐ _____
☐ _____
☐ _____
☐ _____
☐ _____
☐ _____

QUOTE / NOTES:

DATE: _____

Color Content

☐ _____
☐ _____
☐ _____
☐ _____
☐ _____
☐ _____

QUOTE / NOTES:

Color Content

☐ _____
☐ _____
☐ _____
☐ _____
☐ _____
☐ _____

QUOTE / NOTES:

DATE: _____

Color Content

☐ _____
☐ _____
☐ _____
☐ _____
☐ _____
☐ _____

QUOTE / NOTES:

DATE: _____

Color   Content

☐ _____

☐ _____

☐ _____

☐ _____

☐ _____

☐ _____

QUOTE / NOTES:

DATE: _____

Color Content

☐ _____

☐ _____

☐ _____

☐ _____

☐ _____

☐ _____

QUOTE / NOTES:

DATE: _____

Color Content

☐ _____
☐ _____
☐ _____
☐ _____
☐ _____
☐ _____

QUOTE / NOTES:

DATE: _____

Color Content

☐ _____
☐ _____
☐ _____
☐ _____
☐ _____
☐ _____

QUOTE / NOTES:

DATE: _____

Color Content

☐ _____
☐ _____
☐ _____
☐ _____
☐ _____
☐ _____

QUOTE / NOTES:

Color Content

☐ _____

☐ _____

☐ _____

☐ _____

☐ _____

☐ _____

QUOTE / NOTES:

DATE: _____

Color Content

☐ _____
☐ _____
☐ _____
☐ _____
☐ _____
☐ _____

QUOTE / NOTES:

DATE: _____

Color Content

☐ _____
☐ _____
☐ _____
☐ _____
☐ _____
☐ _____

QUOTE / NOTES:

DATE: _____

Color Content

☐ _____
☐ _____
☐ _____
☐ _____
☐ _____
☐ _____

QUOTE / NOTES:

DATE: _____

Color Content

□ _____
□ _____
□ _____
□ _____
□ _____
□ _____

QUOTE / NOTES:

DATE: _____

Color Content

☐ _____
☐ _____
☐ _____
☐ _____
☐ _____
☐ _____

QUOTE / NOTES:

DATE: _____

Color Content

☐ _____
☐ _____
☐ _____
☐ _____
☐ _____
☐ _____

QUOTE / NOTES:

DATE: _____

Color Content

☐ _____
☐ _____
☐ _____
☐ _____
☐ _____
☐ _____

QUOTE / NOTES:

DATE: _____

Color Content

☐ _____
☐ _____
☐ _____
☐ _____
☐ _____
☐ _____

QUOTE / NOTES:

DATE: _____

Color Content

☐ _____
☐ _____
☐ _____
☐ _____
☐ _____
☐ _____

QUOTE / NOTES:

DATE: _____

Color Content

☐ _____
☐ _____
☐ _____
☐ _____
☐ _____
☐ _____

QUOTE / NOTES:

DATE: _____

Color Content

☐ _____
☐ _____
☐ _____
☐ _____
☐ _____
☐ _____

QUOTE / NOTES:

DATE: _____

Color Content

☐ _____
☐ _____
☐ _____
☐ _____
☐ _____
☐ _____

QUOTE / NOTES:

DATE: _____

Color Content

☐ _____
☐ _____
☐ _____
☐ _____
☐ _____
☐ _____

QUOTE / NOTES:

DATE: _____

Color Content

- ☐ _____
- ☐ _____
- ☐ _____
- ☐ _____
- ☐ _____
- ☐ _____

QUOTE / NOTES:

DATE: _____

Color Content

☐ _____
☐ _____
☐ _____
☐ _____
☐ _____
☐ _____

QUOTE / NOTES:

DATE: _____

Color Content

☐ _____
☐ _____
☐ _____
☐ _____
☐ _____
☐ _____

QUOTE / NOTES:

DATE: _____

Color Content

☐ _____
☐ _____
☐ _____
☐ _____
☐ _____
☐ _____

QUOTE / NOTES:

DATE: _____

Color Content

☐ _____
☐ _____
☐ _____
☐ _____
☐ _____
☐ _____

QUOTE / NOTES:

DATE: _____

Color Content

☐ _____
☐ _____
☐ _____
☐ _____
☐ _____
☐ _____

QUOTE / NOTES:

DATE: _____

Color Content

☐ _____

☐ _____

☐ _____

☐ _____

☐ _____

☐ _____

QUOTE / NOTES:

DATE: _____

Color Content

☐ _____
☐ _____
☐ _____
☐ _____
☐ _____
☐

QUOTE / NOTES:

DATE: _____

Color Content

☐ _____
☐ _____
☐ _____
☐ _____
☐ _____
☐ _____

QUOTE / NOTES:

DATE: _____

Color Content

☐ _____
☐ _____
☐ _____
☐ _____
☐ _____
☐ _____

QUOTE / NOTES:

DATE: _____

Color Content

☐ _____

☐ _____

☐ _____

☐ _____

☐ _____

☐ _____

QUOTE / NOTES:

DATE: _____

Color Content

☐ _____
☐ _____
☐ _____
☐ _____
☐ _____
☐ _____

QUOTE / NOTES:

DATE: _____

Color Content

☐ _____
☐ _____
☐ _____
☐ _____
☐ _____
☐ _____

QUOTE / NOTES:

DATE: _____

Color Content

☐ _____
☐ _____
☐ _____
☐ _____
☐ _____
☐ _____

QUOTE / NOTES:

DATE: _____

Color Content

☐ _____
☐ _____
☐ _____
☐ _____
☐ _____
☐ _____

QUOTE / NOTES:

DATE: _____

Color Content

☐ _____
☐ _____
☐ _____
☐ _____
☐ _____
☐ _____

QUOTE / NOTES:

DATE: _____

Color Content

☐ _____
☐ _____
☐ _____
☐ _____
☐ _____
☐ _____

QUOTE / NOTES:

DATE: _____

Color Content

☐ _____
☐ _____
☐ _____
☐ _____
☐ _____
☐

QUOTE / NOTES:

DATE: _____

Color Content

☐ _____
☐ _____
☐ _____
☐ _____
☐ _____
☐ _____

QUOTE / NOTES:

DATE: _____

Color Content

☐ _____
☐ _____
☐ _____
☐ _____
☐ _____
☐ _____

QUOTE / NOTES:

DATE: _____

Color Content

☐ _____

☐ _____

☐ _____

☐ _____

☐ _____

☐ _____

QUOTE / NOTES:

DATE: _____

Color Content

☐ _____
☐ _____
☐ _____
☐ _____
☐ _____
☐

QUOTE / NOTES:

DATE: _____

Color   Content

☐ _____

☐ _____

☐ _____

☐ _____

☐ _____

☐ _____

QUOTE / NOTES:

DATE: _____

Color Content

☐ _____
☐ _____
☐ _____
☐ _____
☐ _____
☐ _____

QUOTE / NOTES:

DATE: _____

Color Content

☐ _____
☐ _____
☐ _____
☐ _____
☐ _____
☐ _____

QUOTE / NOTES:

DATE: _____

Color Content

☐ _____

☐ _____

☐ _____

☐ _____

☐ _____

☐ _____

QUOTE / NOTES:

DATE: _____

Color Content

☐ _____
☐ _____
☐ _____
☐ _____
☐ _____
☐ _____

QUOTE / NOTES:

DATE: _____

Color Content

☐ _____
☐ _____
☐ _____
☐ _____
☐ _____
☐

QUOTE / NOTES:

DATE: _____

Color Content

☐ _____
☐ _____
☐ _____
☐ _____
☐ _____
☐ _____

QUOTE / NOTES:

DATE: _____

Color Content

☐ _____

☐ _____

☐ _____

☐ _____

☐ _____

☐ _____

QUOTE / NOTES:

DATE: _____

Color Content

☐ _____

☐ _____

☐ _____

☐ _____

☐ _____

☐ _____

QUOTE / NOTES:

DATE: _____

Color Content

☐ _____
☐ _____
☐ _____
☐ _____
☐ _____
☐ _____

QUOTE / NOTES:

DATE: _____

Color Content

☐ _____
☐ _____
☐ _____
☐ _____
☐ _____
☐ _____

QUOTE / NOTES:

DATE: _____

Color Content

☐ _____
☐ _____
☐ _____
☐ _____
☐ _____
☐ _____

QUOTE / NOTES:

DATE: _____

Color Content

☐ _____
☐ _____
☐ _____
☐ _____
☐ _____
☐ _____

QUOTE / NOTES:

DATE: _____

Color Content

☐ _____
☐ _____
☐ _____
☐ _____
☐ _____
☐ _____

QUOTE / NOTES:

DATE: _____

Color Content

☐ _____
☐ _____
☐ _____
☐ _____
☐ _____
☐ _____

QUOTE / NOTES:

DATE: _____

Color Content

☐ _____
☐ _____
☐ _____
☐ _____
☐ _____
☐ _____

QUOTE / NOTES:

DATE: _____

Color Content

☐ _____
☐ _____
☐ _____
☐ _____
☐ _____
☐ _____

QUOTE / NOTES:

DATE: _____

Color Content

☐ _____
☐ _____
☐ _____
☐ _____
☐ _____
☐ _____

QUOTE / NOTES:

DATE: _____

Color Content

☐ _____
☐ _____
☐ _____
☐ _____
☐ _____
☐ _____

QUOTE / NOTES:

DATE: _____

Color Content

☐ _____
☐ _____
☐ _____
☐ _____
☐ _____
☐ _____

QUOTE / NOTES:

DATE: _____

Color Content

☐ _____

☐ _____

☐ _____

☐ _____

☐ _____

☐ _____

QUOTE / NOTES:

DATE: _____

Color   Content

☐ _____

☐ _____

☐ _____

☐ _____

☐ _____

☐ _____

QUOTE / NOTES:

DATE: _____

Color Content

☐ _____
☐ _____
☐ _____
☐ _____
☐ _____
☐ _____

QUOTE / NOTES:

Takeaway notes:

_____

_____

_____

_____

_____

Year of use:

_____